Luis Vélez de Guevara

El diablo está en Cantillana

Barcelona **2024**
Linkgua-ediciones.com

Créditos

Título original: El diablo está en Cantillana.

© 2024, Red ediciones S.L.

e-mail: info@linkgua.com

Diseño de cubierta: Michel Mallard.

ISBN tapa dura: 978-84-1126-178-4.
ISBN rústica: 978-84-9816-821-1.
ISBN ebook: 978-84-9897-055-5.

Sumario

Brevísima presentación

La vida

Luis Vélez de Guevara (Écija, Sevilla, 1579-Madrid, 1644). España.

Nació en una familia acomodada, se licenció en artes en 1595 por la universidad de Osuna y poco después, entró al servicio del cardenal-arzobispo de Sevilla. En 1600 se fue a Italia y se alistó en la milicia del conde de Fuentes, después estuvo bajo el mando de Andrea Doria y Pedro de Toledo. Tras una corta estancia en Valladolid, vivió en Madrid y, al servicio del conde de Saldaña, se dedicó al ejercicio de la abogacía y de las letras. El cargo de ujier de cámara del rey, que consiguió en 1625, no le permitió mantener con holgura a su numerosa familia.

Personajes

El Rey Don Pedro
Lope Sotelo
Perafán de Ribera, viejo
Don Sancho
Don García
Don Álvaro
Rodrigo, gracioso
Carrasca, alcalde
Zalamea, alcalde
Doña Esperanza
Doña María de Padilla
Leonor, criada
Don Juan de Ribera

Jornada primera

Salen el Rey Don Pedro, Lope Sotelo, Don Sancho, Don García y Don Álvaro,
todos de noche.

Rey   Ninguno quede conmigo,
si no es don Lope Sotelo.

Lope   Algo de nuevo recelo.

Rey   Lope.

Lope   Señor.

Rey   ¿Sois mi amigo?

Lope   Esclavo de vuestra Alteza
apenas merezco ser.

Rey   Don Lope, yo he menester...

Lope   ¿Qué, señor?

Rey   Vuestra cabeza.

Lope   ¿Mi cabeza?

Rey   No os turbéis,
que en vuestros hombros la quiero,
porque de esta suerte espero
que mejor me serviréis.
Que mejor brazo y espada
de Galicia no ha salido,
honrando contra el olvido

        vuestra dulce patria amada,
          y la cristiana cuchilla
        contra el moro eternizando.
        Pero, esto aparte dejando,
        ¿cómo dejáis a Sevilla?

Lope   Buena, señor; y quejosa
        de que la favorezcáis
        mucho menos que estimáis
        su fábrica generosa
          y aquel río en quien mirando
        su vistosa majestad
        es Narciso la ciudad,
        pues sin razón despreciando
          la maravilla africana
        del alcázar que vivís,
        los veranos os venís
        a pasar a Cantillana.
          Aunque os puede disculpar
        esta casa de placer,
        que llegan a enriquecer
        Guadalquivir y Viar,
          esos caudalosos ríos
        en cuyo sitio dichoso
        vuestro abuelo generoso
        trasladó al Cielo los bríos
          del alarbe sevillano,
        habiendo vencido ya,
        porque a propósito está
        para pasar el verano;
          pero con todo, Sevilla
        siente vuestra ausencia así.

Rey   ¿Cómo estas noches, decid,

don Lope, está la Almenilla?

Lope

Llena de barcos y gente.

Rey

¿Bravas damas?

Lope

Muchas hay
entre Estopilla y Cambrai,
mas pobre del que esté ausente
con la más firme mujer,
aunque su amor más le importe.

Rey

Esa es ya plaga de Corte.

Lope

Líbreme Dios de querer
mujer ninguna que tenga
el amor por granjería.

Rey

Andar desnudo solía
en tiempo de Bras y Menga,
mas ya le quieren vestido
y lleno de oro las damas,
perdonen las castas famas
de Penélope y de Dido.

Lope

Han dado en tal desatino.

Rey

¿Y la niña sabia?

Lope

Está
en el Candilejo ya.

Rey

Algo vendréis del camino
(aunque es tan corto) cansado,

y es razón que descanséis,
pues vuestra posada veis
donde hablando hemos llegado.

Lope

Volveré con vuestra Alteza.

Rey

No tenéis a qué volver,
que aquí es donde he menester,
don Lope, vuestra cabeza.

Lope

Pues vuestra Alteza comience
a mandarme.

Rey

De vos fío
que me sirváis.

Lope

¿Qué albedrío,
qué imposible el Rey no vence,
porque es dueño soberano?

Rey

En esa palabra espero
que haréis como caballero.

Lope

Esta espada y esta mano,
esta sangre y este pecho,
a vuestro servicio están.

Rey

Vuestro huésped Perafán,
don Lope, según sospecho,
tiene una hija, y se llama
doña Esperanza, tan bella,
tan cuerda y sabia doncella,
que es espejo de la fama.
Sé que la tenéis amor

y que ella no os quiere mal,
y que por seros igual
en la sangre y el valor,
   pretendéis casar con ella.
Esto ha de cesar aquí,
porque habéis de hacer por mí,
don Lope, más que por ella.
   Y no solo eso ha de ser
porque no me canse en vano,
que del cristal de su mano
un papel tengo de ver
   en que admita mis deseos,
que los reyes es razón
que gocen la posesión
de tan divinos empleos.
   De suerte que venga a hacer
toda la voluntad mía
sin que de Doña María
ni el cielo (si puede ser)
   venga a entenderse jamás,
que lo que a hacer os obligo
se suele por un amigo
ofrecer, y un rey es más.

Lope   Señor, mire vuestra Alteza...

Rey   No hay que replicarme ya,
              y advertir que en esto os va
              no menos que la cabeza.

(Vase.)

Lope   ¿Inventó la tiranía
              más riguroso tormento,

ni vio humano entendimiento
desdicha como la mía?
    ¿Qué Dionisio atormentó
con celos, mal de que muero,
que a Nerón, por ser más fiero
tormento, se le olvidó?
    ¡Ah poder! ¿Tanto has de ser
que llegues al albedrío,
siendo imperio y señorío
que al cielo negó el poder?
    Vive Dios, que aunque me dé
mil veces la muerte injusta,
que no he de hacer lo que gusta,
de mi honor contra la fe,
    que mayor rey es amor,
y le debo más decoro
mientras a Esperanza adoro,
que la vida y el honor
    son para ocasiones tales;
piérdase todo primero
que yo pierda el bien que espero
de sus ojos celestiales.
    En un laberinto he entrado
que no podré salir de él,
porque Don Pedro es cruel,
mozo, rey y enamorado,
    y yo su vasallo soy.
¡Hay rey!, pero con la ley
del amor, ¡no hay rey, no hay rey!
¡Sí hay rey, sí hay rey! ¡Loco estoy!

Sale Rodrigo, de camino, cantando

Rodrigo   ¡Ay, que desde Vienes

a Cantillana,
hay una legüecita
de tierra llana!
   Cantando y medio dormido
he llegado a la posada
con bota y sin camarada,
notable milagro ha sido,
   que bien debió de picar
después que en aquella venta
me dejó haciendo la cuenta,
pues no le pude alcanzar.
   Don Lope yo apostaré
que descansa, porque agora
todos duermen en Zamora,
si no es quien camina a pie.
   ¿Qué hará a estas horas Leonor,
mientras vela mi cuidado?
¿Quién va?

Va a entrar, y encuentra a Don Lope

Lope   Un hombre desdichado.

Rodrigo   Es don Lope, mi señor.
   Mosca de celos tenemos;
respingo habrá temerario.

Lope   Quien tiene un rey por contrario,
¿hará mayores extremos?

Rodrigo   ¿Un rey? Guarda fuera, y más,
esta buena pieza.

Lope   Aquí

estoy, Rodrigo, sin mí,
adiós, adiós.

Rodrigo   ¿Adónde vas?

Lope   No sé, por Dios, dónde voy.
¡Hay rey!, pero con la ley
del amor, ¡no hay rey, no hay rey!
¡Sí hay rey, sí hay rey! ¡Loco estoy!

(Vase.)

Rodrigo   ¡Oh enamorado don Lope,
cual no he visto jamás,
loco y temerario vas
tras tu cuidado al galope!
   De doña Esperanza son
celos, que es discreta y bella,
y querrá por dicha hacella
el Rey, Doña Posesión.
   En la posada se ha entrado
por un postigo que halló
abierto, si no bajó,
pienso, a abrirle algún criado.
   Y si no me engaño, a fe,
mi Leonor sale.

Sale Leonor

Leonor   ¡Oh lacayo
de mi vida! Como un rayo,
oyendo tu voz, bajé.
   A don Lope, tu señor,
encontré cuando bajaba,

pero no sé qué llevaba,
que no me habló.

Rodrigo   Está, Leonor,
          con no sé qué achaque nuevo,
          que en Cantillana le ha dado,
          que le tiene con cuidado.

Leonor   ¿Toca en celos?

Rodrigo   No me atrevo
          que en eso hablemos, si a tanto
          ha llegado su rigor,
          que de secreto, Leonor,
          me precio.

Leonor   Pues entretanto,
          dame esos brazos, Rodrigo.

Rodrigo   Leonor mía, aquí los tienes.

Leonor   ¿Cómo de Sevilla vienes?

Rodrigo   Celoso, Dios me es testigo.

Leonor   Igual me tienes tú a mí
          el tiempo que te has tardado.

Rodrigo   Vive Dios, que no he mirado
          un manto, pensando en ti,
            y que hemos sido cartujos
          yo y don Lope, mi señor.
          Dame tú cuenta, Leonor
          (si no es meterme en dibujos),

de lo que por aquí pasa.
¿Hay por los ninfos del rey,
siendo los dos mula y buey
portal de Belén mi casa?
    ¿Mírate algún lindo tierno?
¿Da en hablarte muy despacio
algún tonto de Palacio
por el estilo moderno?
    ¿Desvanécete algún paje
de excelencia o señoría?
¿Llévate la cortesía
los ojos tras el buen traje?
    ¿Hace de noche terrero
algún barbado tiplón?
¿Hay cintica? ¿Hay favorón
de cabellito en sombrero?
    ¿Hate algún bravo pedido
celos de mí a lo cruel,
y a pepitoria o pastel
mis narices te ha ofrecido?
    Que aunque hayas muerto en agraz
mis favores de este modo,
yo te absolveré de todo,
que soy celoso de paz.
    ¿Lloras?

Leonor   ¿No quieres que llore,
              viéndome tan mal pagada?

Rodrigo   Pasada por agua, amada
              Leonor, querrás que te adore,
                  siendo de mi corazón
              ídolo huevo no más,
              porque esas perlas que estás

vertiendo, del alba son,
   y han de hacerte falta ahora,
que a llamar el Sol comienza,
colorada de vergüenza,
de ver que eres tú su aurora.

Leonor   Entra, que es tarde, y te espera
la cama mullida ya.

Rodrigo   Y cenar.

Leonor   No faltará,
que aquí está tu despensera.

Rodrigo   Mira que tiene un mal nombre
desde Judas.

Leonor   Yo confieso
que tienes razón, mas eso
es porque Judas fue hombre.

Rodrigo   Si mujer hubiera sido,
yo sé de su desenfado
que ni se hubiera ahorcado
ni se hubiera arrepentido;
   en esto no hay dudas
ni querellos ofender,
aunque en besar y vender
cualquiera mujer es Judas.

Leonor   De parte de todas, mientes.

Rodrigo   ¡Qué azucarado mentís!
A ámbar huele y sabe a anís

cuanto pasa por tus dientes.

Leonor	Éntrate, loco, a acostar,
	que está la casa dormida.

Rodrigo   Vamos, Leonor de mi vida.

Leonor   Ven, Rodrigo de Vivar.

(Vanse.)

Salen Doña María de Padilla y Don Álvaro

María   ¿A quién llevó el Rey, decid,
               don Álvaro, en compañía?

Álvaro   A don Sancho, a don García,
               a don Gutierre y a mí,
                 y a don Tibalte imagino
               que en Cantillana encontró,
               a don Lope que llegó
               esta noche de camino.

María   Pues ¿cómo le habéis dejado?

Álvaro   Quísose quedar con él
               a solas.

María   Quizá por él
               nuevas cosas se han trazado,
                 y fue a Sevilla a ese efecto,
               y con respuesta ha venido
               por haberle parecido
               al Rey hombre más secreto.

Álvaro   Don Lope es cuerdo y sabrá
               huir de dar, como es justo,
               a vuestra Alteza disgusto.

María   Don Álvaro, claro está
                  que yo me burlo. ¿Quién es?

Álvaro   Su privado don García.

Sale Don García

María   ¿Y el Rey?

García   El Rey ya venía.

María   ¿Dónde le dejaste pues?

García   Con don Lope se quedó,
               que quiso con él hablar.

María   ¡Qué repentino privar!

García   Que trajo, imagino yo,
                  negocios de Estado y guerra,
               de importancia que tratar
               con el Rey.

María   No hay que dudar:
               esto algún secreto encierra,
                  que no puede menos ser
               privanza tan repentina.

García   Don Lope es persona digna

de alcanzar y merecer
    cualquier favor de su Alteza,
por su ingenio y valor.

María   ¿Digo yo menos, señor?
¿Qué me quebráis la cabeza?

García   Vuestra Alteza me perdone,
que enojarla no pensé,
que esto en don Lope se ve
cuando yo no lo pregone;
    que más bien quisto criado
no tiene en su casa el Rey,
y esto es cumplir con la ley
de amigo.

María   Ya estáis cansado.

García   Vuestro humilde esclavo soy.

María   Basta.

Álvaro   No puede llevar
ver a don Lope alabar.

García   El Rey viene.

María   Y yo me voy.

Al irse sale el Rey y detiénela

Rey   ¿Qué es esto, señora mía?
¿Porque yo vengo os vais vos?
No huyáis de mí, que por Dios

que es faltar el Sol al día
    faltando vuestra belleza.
Deteneos, no os escondáis,
que no es bien que os encubráis
cuando a amanecer empieza;
    mirad que ocaso me hacéis.

María   Licencia me habéis de dar,
que quiero daros lugar
para que a don Lope habléis.

(Vase.)

Rey   Celos son, culpa he tenido
en no avisar a los criados;
pero ciego en sus cuidados,
¿qué amante fue prevenido?
    Divertir es menester
ahora a Doña María,
porque celosa podía
venirlo todo a entender.
    Y su ciega condición
celosa en extremos temo
porque la quiero en extremo,
que aunque con loca afición
    a Esperanza solicito,
suya es el alma en rigor,
porque una cosa es amor
y otra cosa es apetito.
    Y la amorosa porfía
en los dos es desigual,
que Esperanza es temporal
y eterna Doña María.
    Mayor gusto solicito

de sus celosos desvelos,
que entrarse a dormir con celos
es comer con apetito.

(Vanse todos.)

Salen Perafán de Ribera, viejo, y Don Lope

Perafán   Seáis, señor don Lope, bien venido,
que debistes llegar poco cansado,
pues menos que soléis habéis dormido.
        ¿Cómo venís?

Lope   Con no sé qué cuidado,
que a los hombres no faltan cada día,
que me tiene confuso y desvelado.

Perafán   Si es falta de dinero, no querría
que anduvieses tan poco cortesano
que no os sirvieseis de la hacienda mía,
        que a fe de caballero y cortesano,
y amigo vuestro en fin, y por La vida
de Esperanza y de don Juan, su hermano,
        (que de Granada vuelva a la medida
que piden mis deseos), que no hay cosa
que yo os pueda negar, de vos pedida.
        No es lisonja, por Dios, sino forzosa
obligación que debe a la nobleza
la sangre de mi pecho generosa.

Lope   Estimo como debo la largueza
de vuestro noble y generoso pecho,
mas no es falta de hacienda mi tristeza,
        que ya estoy de quien sois tan satisfecho,

que a ser de esa ocasión, hoy excusara
las ofertas, señor, que me habéis hecho;
    en ocasión más superior repara.

Perafán   Amor debe de ser, que en la edad vuestra
naturaleza misma lo declara,
    que hasta en los brutos es común maestra,
y enseña a amar las fieras y las plantas,
como con la experiencia nos lo muestra.
    Sois mozo, sois galán y tenéis tantas
partes, que merecéis rendir con ellas
hasta las luces de los cielos santas.
    Serviréis dama de Palacio, estrellas
del imperio, inmortal a los zafiros,
emulación de imágenes más bellas.
    Adonde son aromas los suspiros,
holocausto las lágrimas y donde
con sola voluntad podré serviros,
    que aunque el caso a mi edad no corresponde,
os iré a hacer espaldas al terrero,
que a ningún trance la vejez me esconde.
    Yo volveré a ceñir el limpio acero
que ociosamente vive descuidado
de aquella fama que ganó primero.
    Bien me podéis fiar, don Lope, al lado,
que yo os prometo dar tan buena cuenta
que volváis con mis años disculpado.

Lope   Bien en vuestro valor me representa
la sangre, que tenéis mayores bríos,
y el favor que me hacéis tomo a mi cuenta.
    ¿Cómo estáis de salud?

Perafán   Como los ríos

que dan tributo al mar, camino agora
con los achaques ordinarios míos,
   pero para serviros.

Lope

       Mi señora
doña Esperanza, ¿cómo está?

Perafán

        Dormida,
pero siempre muy vuestra servidora.

Lope

Déle el cielo salud y larga vida,
y tenga aquel empleo que merece
su virtud y nobleza conocida.

Perafán

   Pero que sale a veros me parece,
que la ha obligado a madrugar el gusto
que el alborozo con razón la ofrece
   de la venida vuestra.

Lope

       Y es muy justo,
si paga como debe mi deseo.

Perafán

De los extremos de Esperanza gusto,
  que en acudir a vuestras cosas veo,
pluguiera a Dios se hiciera el hospedaje;
pero vos vais tras más dichoso empleo
y aquí es razón que este discurso ataje.

Sale Doña Esperanza

Esperanza

   Vos seáis tan bien llegado,
señor don Lope, a esta casa,
como de límite pasa
el haberos deseado.

¿Cómo venís?

Lope
      ¿Cómo puedo
venir con este favor
que a vuestro raro valor
obligado siempre quedo?
    Ya sé que salud tenéis.

Esperanza
Con ella os pienso servir,
y no quiero recibir
esta merced que me hacéis
    en pie, que es justo de espacio
que los huéspedes gocemos
de vos, y no que dejemos
que siempre os goce el Palacio.
    Alcance un poco la villa,
señor don Lope, de vos.

Lope
Soy vuestro esclavo, por Dios.

(Siéntanse.)

Esperanza
¿Cómo os fue, pues, en Sevilla?
    Que a gusto hayáis negociado
deseo como es razón.

Lope
Cumplí con la obligación
de caballero y soldado
    y tuve tan buen suceso
que me he tardado seis días,
y pudieran las porfías
llegar a mayor exceso,
    porque era materia odiosa
de puertos y de lugares,

y en cosas particulares
suele ser dificultosa.

Esperanza   ¿Habéis visto muchas damas?
Que las sevillanas son
bizarras.

Lope   Y con razón
de las amorosas llamas
esferas pudieran ser
por la limpieza y el brío,
pero el pensamiento mío
no está para echar de ver
beldad ninguna, ocupado
en más divina porfía.

Esperanza   ¡Qué amorosa hipocresía,
qué fineza y qué cuidado!

Lope   Pésame que me tengáis
por falso.

Esperanza   Los hombres son
de una misma condición.

Lope   Mal lo entendéis si juzgáis
a todos de una manera.

Esperanza   ¿Quién, ausente, firme ha sido?

Lope   Quien con firmeza ha querido.

Esperanza   Ya no hay quien tan firme quiera.

Lope

Confieso que eso es verdad,
porque no tiene segundo
mi firme amor en el mundo.

Esperanza

Que hay segundo, dejad;
    pues es tan grande, señor
don Lope, el mundo.

Perafán

        ¿Tú quieres
defender a las mujeres,
que no sabes qué es amor?
    Para quien lo entienda deja,
Esperancica, esas cosas,
que en materias amorosas
yerra el que más aconseja,
    que amor es filosofía
de celos, temor y ausencia,
que ha menester experiencia.

Esperanza (Aparte.)

        ¿Y qué mayor que la mía?

Perafán

        Aunque que esto es natural
a la más ruda mujer,
se enseña sin aprender
y más si les está mal,
    que por eso como fieras
son de los hombres tratadas
en tenerlas encerradas
cubiertas de vidrieras,
    de rejas y celosías;
y dijo, a mi parecer,
muy bien cierto bachiller,
que aquestas filosofías,
    que esto del amor, que a pocos

tener con gusto consiente
jamás, era solamente
para muchachos y locos.
　　Perdone el señor don Lope
si ha parecido osadía,
que en tan larga cofradía
no hay cuerdo que no se tope;
　　que también acá hemos sido
de los muchachos y locos,
que se han escapado pocos
de la guerra con sentido.
　　Pero esto aparte dejando,
¿cómo está Sevilla?

Lope　　　　　　　　　　Buena
y de mil grandezas llena.

Esperanza　　　Siempre vivo deseando
　　ver su grandeza romana,
porque desde que nací,
jamás del muro salí,
don Lope, de Cantillana.
　　De que contra el tiempo ingrato
tanto cuentan, que quisiera
de su fábrica y ribera
tener siquiera un retrato.

Lope　　　Si os satisfacéis ahora
con el de un tosco pincel
(que es mi relación), con él
podré serviros, señora.

Esperanza　　　Haréisme merced notable.

Perafán   Y a todos.

Lope   Pues atención
             y escuchad la relación
             de su fábrica admirable.

Perafán   Mirad que si me durmiere
             que me habéis de perdonar.

Lope (Aparte.)   No sé cómo puedo hablar.
(A Perafán.)   Haced lo que gusto os diere,
                     que de cualquiera manera
(Aparte.)   recibo merced de vos.
                  Reventando estoy por Dios.

Perafán   Mirad que Esperanza espera.

Esperanza   Y de suerte que imagino
             que la ha de tener presente.

Lope   Escuchadme atentamente
             que serviros determino.
             Hércules, hijo de Alcelo
             (a quien las claras hazañas
             de tantos Hércules quieren
             que le atribuya la fama),
             viniendo con las columnas
             (que por non plus ultra estaban
             donde se acaba la tierra
             y comienza el mar de España)
             a las riberas del río
             Guadalquivir (africana)
             dicción, que quiere decir
             quirivi, grande, y río, guardar,

que llamaron los antiguos
Betis, Bética llamada
por él toda la provincia
desde el río Guadiana,
que hoy se llama Andalucía,
corrompido de Vandalia,
nombre antiguo porque fue
de vándalos habitada,
viendo su apacible sitio
y agradecido a las aguas
del padre de tantos ríos
que al mar mayor feudo pagan,
a Sevilla edificó,
cuya fábrica gallarda
por Hispalo, hijo suyo,
Hispalis fue llamada.
Coronóla Julio César
después de fuertes murallas,
por reina de las ciudades
y por colonia romana.
Aunque, según Estrabón,
fue antes que Roma fundada
cien lustros, que a nuestra cuenta
de quinientos años pasan.
En varios tiempos después
la ilustraron gentes varias;
godos, vándalos, suevos,
huntinos, citas, carmantas,
hasta que vino a poder
(por Rodrigo y por la Cava),
con la tragedia española,
de la nación africana.
Poco a poco corrompieron
naciones y gentes varias

de Hispalis el nombre antiguo,
y del tiempo las mudanzas.
Hispilia a llamarse vino,
y luego los de la Arabia
la llamaron Isuilia,
y en la lengua castellana
Sevilla, creciendo siempre
sus grandezas con su fama.
Y llamando a su conquista
el brazo y la invicta espada
del Santo rey Don Fernando
(el mayor héroe y monarca
que tuvo jamás la Europa)
debajo su invicta planta,
puso sus soberbios muros,
con Garcipérez de Vargas.
Desde entonces de los reyes
de Castilla es Corte, a causa
de ser la ciudad más noble,
más rica, insigne y bizarra;
tan populosa, que haciendo
montes de soberbias casas,
impedir quiso que el Betis
tributase al mar de España.
Y él, rompiendo por en medio,
parece que ahora aparta,
de la una parte a Sevilla,
de la otra parte a Triana,
cuyos edificios bellos
se presentan la batalla,
y a no estar en medio el río
pienso que escaramuzaran,
pues para hablarse en las treguas
hay una puente de tablas,

sobre trece barcos puesta
y a cadenas amarrada,
por donde se comunican
a esta Babilonia tantas
mercaderías, que al peso
de los cielos no descansa.
La orilla arriba del río
está la Cartuja santa,
que con preciarse de mudos,
vive a la lengua del agua;
tan suntuoso edificio,
que mientras sus monjes callan,
hablan las piedras por ellos
con las lenguas de su fama.
Desde la Torre del Oro,
por insigne celebrada,
a quien sirve el sordo Betis
de limpio espejo de plata,
hasta esta famosa puente
por el río se trasladan
dos selvas de árboles secos
donde las hojas son jarcias,
desde donde el año todo
compiten con otras tantas,
al zafiro de los Cielos
con dos cielos de esmeraldas.
Aunque dentro de sus muros
la Primavera se halla
tan bien, que ha jurado ser
de Sevilla ciudadana;
entre cuyos edificios
al blanco Enero acompañan,
Abril vestido de verde,
y el Sol bordado de nácar.

Veintitrés mil casas tiene,
y es del agua la abundancia
tan grande, que pienso que hay
tantas fuentes como casas.
Tan hidrópica es su sed,
o su vecindad es tanta,
que un río entero se bebe
sin que al mar le alcance nada.
Que es el dulce Guadaira,
que el muro a Sevilla asalta
por los caños de Carmona
con cristalinas escalas,
cuyas aguas, porque nunca
a pagar tributo salgan
al mar, dentro de sus muros
las hace Sevilla hidalgas.
Su iglesia mayor, que fue
mezquita alarbe y mosaica
labor, en fábrica ilustre
a la de Efeso aventaja,
cuya gran torre parece,
por artificiosa y alta,
o pasadizo del Cielo,
o que es del Sol atalaya.
Cuando pintar quiso Ovidio
del Sol la luciente casa
con columnas de Epiropos,
pintó su famoso alcázar,
en cuyos estanques fríos,
desde la noche hasta el alba,
le aconsejan las estrellas
y se enamoran las plantas.
Y donde cisnes y peces,
cambiando plumas y escamas,

hacen con flores y murtas
tornasoles de las aguas;
sin mil edificios bellos
que son gigantes sin alma,
que a competencia del Cielo
sobre el viento se levantan;
tiene Sevilla, en efecto,
trece puertas, once plazas,
mil calles, doscientos templos,
que a la antigüedad espantan.
Es fértil, alegre y rica,
insigne en letras y armas,
y no ha menester la Corte
para ser del mundo patria.
Y por remate de todo,
en la perdición de España,
dio nobleza a las Asturias,
a Galicia y a Vizcaya,
un San Isidro a León
una imagen soberana
a Guadalupe, al martirio
dos valerosas hermanas,
que fueron Justa y Rufina,
y a las arrianas armas
un príncipe Hermenegildo,

(Duerme el viejo.)   columna de la fe santa.
y un Laureano que haciendo
sus manos fuente de plaza,
llevó su misma cabeza
a la tirana venganza;
el mejor emperador
a Roma, y envidia a Mantua
un Silio Itálico, Homero
español con justa causa.

Todo le sobra a Sevilla
que es la maravilla octava,
mas faltando tu belleza
todo a Sevilla le falta.

Esperanza   De mi padre al sueño puedo
agradecer esta extraña
lisonja.

Lope   Pluguiera al cielo
fuera lisonja, Esperanza,
que no hiciera.

Esperanza   No prosigas.

Lope   Eso mismo el Rey me manda.

Esperanza   ¿Qué es lo que dices?

Lope   No sé.

Esperanza   ¿Qué tienes?

Lope   Estoy sin alma.

Esperanza   Mi bien, ¿qué te ha sucedido?

Lope   Quererte el Rey, Esperanza.

Esperanza   ¿El Rey?

Lope   Y me manda al fin
que desde hoy te deje.

Esperanza   Aguarda;
                    pues, ¿sabe el Rey que te quiero?

Lope   Nunca un malicioso falta,
                    lince de los pensamientos,
                    que penetra cuanto pasa.
                    Tú has dado sin duda al Rey,
                    en esta ausencia, Esperanza,
                    ocasión para tenerla,
                    que eres mujer y esto basta.
                    Malhaya quien de mujer
                    confía prendas tan altas
                    como el gusto y el honor,
                    y la voluntad, malhaya.

Esperanza   Basta, don Lope, no intentes
                    por disculpa a tus mudanzas,
                    a costa de ofensas mías,
                    que por puerta ni ventana
                    no he dado ocasión al Rey
                    ni al mismo Sol que intentara
                    darte celos por mi honor,
                    por mi sangre, y la palabra
                    que tienes de que he de ser
                    tu esposa, que ésta bastara;
                    miente el Rey si te lo ha dicho,
                    el mundo y todos se engañan.

Lope   No puede mentir el Rey,
                    perdona, Esperanza amada,
                    que él me ha dicho que te ha visto,
                    mas la parte no declara.
                    Bien puede ser de la tuya,
                    que no le hayas dado causa

para intentar tus favores;
él, en efecto, me manda
que te deje de querer
siendo imposible, Esperanza;
y no solo que te deje,
sino que contigo haga
que le quieras y me obliga
con notables amenazas
del honor y de la vida,
que de tu mano le traiga
un papel, para que sirva
de testigo a mis palabras.
Con esta merced, anoche
me recibió, cuando al alba
pude con lágrimas tristes,
si no imitar, apiadarla.
Lo que faltó de allí al día
con mis celos, con mis ansias,
la cama y el pecho mío
hice campo de batalla.

Esperanza	¿Qué importa que quiera el Rey si no es dueño de las almas?
Lope	¡Ay, mi Esperanza perdida!
Esperanza	Mi padre despierta, aparta.
Perafán (Despierta.)	Dormíme y cumplí por Dios lindamente mi palabra. ¿En qué va mi relación?
Lope	En este punto se acaba.

Sale Rodrigo

Rodrigo   Dame tus manos.

Esperanza   Rodrigo,
                   seas bienvenido.

Rodrigo   Estaba
                   por besarte los chapines
                   mil veces, honra de España,
                   a ser casta cortesía.

Perafán   Ya, Rodrigo, no nos hablas.

Rodrigo   Hablar y servir por cierto;
                   dame tus manos.

Perafán   Levanta;
                   ¿cómo dejas a Sevilla?

Rodrigo   Como siempre, buena y brava:
                   díme un filo en el Corral
                   de los Olmos y una mandria
                   tuvo no sé qué conmigo
                   sobre si pasa o no pasa;
                   llevó una mohada a cuenta,
                   siguióme la gurullada,
                   no pude tomar iglesia
                   ni embajador, y en las ancas
                   de la mula de un doctor
                   me escapé con linda gracia.

Perafán   ¿En las ancas de la mula
                   de un doctor?

Rodrigo

> Pues dime, ¿hay casa
> de Embajador, hay iglesia,
> hay torre, hay tierra del Papa
> de mayores preeminencias?
> Pues hay médico que acaba
> de matar cuarenta enfermos
> y no hay quien le pida nada,
> en poniéndose en la silla;
> pues lo mismo es en las ancas,
> que el practicante más zurdo
> en asiento la gualdrapa,
> aunque mate, es como asirse
> de una iglesia a las aldabas.
> Hay aqueste privilegio
> en las mulas doctoradas
> desde el portal de Belén.

Perafán

> ¡Notable humor!

Sale Leonor

Leonor

> ¡Gran privanza!

Perafán

> ¿Qué es esto, Leonor?

Leonor

> El Rey
> se apea de un coche en casa
> y dicen que viene a ver
> al señor don Lope.

Perafán

> Extraña
> merced y raro favor.

Lope (Dentro.)   Ya empiezan mis celos.
                             ¡Plaza!

Sale el Rey con acompañamiento

Rey   Por decirme que indispuesto
                        os sentís y que en la cama
                        estabais, don Lope, quise
                        veniros a ver.

Lope   Las plantas
                        reales de vuestra Alteza
                        mil veces beso.

Rey   En el alma
                        estimo el hallaros bueno.

Perafán   En honrar, señor, posada
                        tan corta, imitáis a Dios,
                        siendo ésta.

Rey (Aparte.)   ¡Belleza rara!
                        Vuestra casa, Perafán,
                        puede pasar por alcázar:
                        levantad, ¿es hija vuestra?

Perafán   Sí, señor, y vuestra esclava.

Rey   ¿No tenéis hijo?

Perafán   Señor,
                        en la guerra de Granada
                        sirviendo está a vuestra Alteza,
                        imitando a las hazañas

de sus pasados; bien supo
vuestro padre, que Dios haya,
en lo de las Algeciras
si fue cobarde mi espada.

Rey

Ya, Perafán de Ribera,
sé quien sois, doña Esperanza
estuviera (¡gran belleza!)
mejor en Palacio.

Lope (Aparte.)

El alma
se me sale a cada vuelta
del Rey y cada palabra.

Perafán

Vuestra Alteza me perdone,
que soy solo y en mi casa
no hay quien mire por mi hacienda
sino Esperancica.

Rey

Basta.

Perafán

Juan está ahí, en quien podéis
hacer merced a esta casa,
pues por sangre y por servicios...

Rey (Aparte.)

No está la paga olvidada.
¡Qué honestidad! ¡Qué hermosura!
Apenas los ojos alza:
vive Dios, que me ha causado
miedo y respeto.

Lope (Aparte.)

¡Qué extraña
ocasión de celos, cielos!

Rey   A su fama se adelanta
               de su retrato también;
               ¡adiós, Perafán!

Lope   Hoy trata
               mi muerte, Esperanza, el Rey.

Esperanza   Ten de quien soy confianza
               y no receles.

Lope   Advierte.

Rey   ¿Venís?

Lope   Sí, señor.

(Vanse y quedan los dos criados.)

Leonor   ¿No me hablas?

Rodrigo   Yo me acordaré de vos,
               Leonor.

Leonor   ¡Qué extraña mudanza!

Rodrigo   Voy muy grave con el Rey,
               y pienso que por tu ama,
               desde esta noche ha de andar
               el diablo en Cantillana.

               Fin de la primera jornada

Jornada segunda

Salen Esperanza y Don Lope

Lope
    Esto me importa la vida,
al Rey tienes de escribir.

Esperanza
    Es obligarme a morir.

Lope
    Tu fe tengo conocida,
   y lo que te pido sé
que tiene dificultad
para con tu voluntad
que tan firme siempre fue:
   pero en aquesta ocasión
haz cuenta, Esperanza mía,
que excusas mi muerte.

Esperanza
      El día
que mayor obligación
   me has de deber, ha de ser
éste.

Lope
     No tiene lugar
la vida para pagar
las que te llego a deber,
   que el Rey está enamorado
y no hay burlarse con él,
que es resuelto y es cruel,
y esta palabra le he dado.
   Tú como cuerda sabrás
con su amoroso desvelo
contemporizar, que el cielo,
que no ha negado jamás

remedio a toda desdicha,
contra este monstruo importuno
vendrá a descubrir alguno
entretanto en nuestra dicha
   con que tenga nuestro amor
el dulce fin que desea.

Esperanza   Alto, como gustas sea;
pero ¿no fuera mejor
   escribir de ajena mano,
porque mi letra a la suya
no llegue?

Lope   Ha visto la tuya
y fuera intentarlo en vano.

Esperanza   ¿Cómo?

Lope   Obligóme a mostrarle,
como este engaño penetra,
en una carta tu letra,
y aunque quisiera engañarle,
   ni tuve lugar, ni pude.
Al fin la ha visto, Esperanza,
que el poder de un Rey alcanza
los pensamientos que mide;
   los suyos del tiempo espero,
y de tu ingenio divino.

Esperanza   Darte gusto determino.

Lope   Aquí pienso que hay tintero,
   pluma y papel.

(Llevan recado de escribir.)

Esperanza   No pudieras
pedirme, don Lope, cosa
de hacer más dificultosa.

Lope   Escribe, mi bien, ¿qué esperas?;
mira que me aguarda el Rey.

Esperanza   Ya tomo la pluma y voy
a escribir y en mí no estoy,
porque voy contra la ley
de nuestro amor.

Lope   Es verdad.

Esperanza   No dan, después de los celos,
mayor infierno los cielos
que escribir sin voluntad.

Lope   Vaya; pues esto ha de ser.
Di arriba: «Señor...

Esperanza   Señor...

Lope   ...vuestro grande amor...

Esperanza   ...amor...

Lope   ...don Lope me dio a entender...

Esperanza   ...a entender...

Lope   ...y agradecida...

Esperanza   ...y agradecida...

Lope   ...pagarlo
              intentar pudiera...

Esperanza   ...pudiera...

Lope   ...si le estuviera...

Esperanza   ...estuviera...»

Lope   Pon lo demás por tu vida,
                 que yo estoy perdiendo el seso;
              esto más te deba yo. .

Esperanza   Haré lo que gustas.

Lope   ¿Vio
              más nuevo y raro suceso
                 la tierra, desde que amor
              tantas historias admira?
              Escribe, mi bien, y mira
              que entretengas, sin rigor
                 de desdén ni desengaño,
              con las razones al Rey;
              ¿hay más rigurosa ley,
              que esté mi vida en mi daño?

Esperanza   Ya acabé, ¿quiéresle ver?

Lope   Ciérralo, que si está lleno
              este vaso de veneno,
              sin verle le he de beber.

Esperanza   ¿Ha de ir con cubierta?

Lope   Sí,
que es para el Rey, y el primero.

Esperanza   Segundo escribir no espero.

Lope   Séllale también, que ahí,
    Esperanza, el sello está,
y pluguiera a Dios que fuera
de suerte que no le hubiera.

Esperanza   Yo he hecho, don Lope, ya
    tu gusto.

Lope   Nunca fue nuevo
en ti, mi bien.

Esperanza   Toma.

(Dale el papel.)

Lope   Adiós.

Esperanza   Adiós.

(Vase.)

Lope   ¡Ay papel!, en vos
mi vida y mi muerte llevo.

(Vase.)

Salen el Rey Don Pedro y criados

Rey
        Confusa imaginación
que los sentidos despiertas,
para la guerra del alma
hagamos un poco treguas.
Divirtámonos un poco,
que no es razón que sin ellas
de una vez se pierda todo,
que es muy de casa la guerra.
Rey soy, y tengo poder,
cuando el mundo lo impidiera,
para gozar de Esperanza.
Tratemos de otra materia;
¿qué hay de nuevo en Cantillana?

García
Hay una cosa nueva
que trae, señor, el lugar
sin seso.

Rey
        ¿De qué manera?

García
Dicen que de pocas noches
acá, que a las doce y media,
mucha gente de la villa,
como tan tarde se acuestan
por ser verano, ha encontrado,
arrastrando una cadena
y dando tristes gemidos,
una fantasma tan fiera
que a la casa de la villa
más alta con la cabeza
iguala, y aun sobrepuja;
y por esta causa mesma

hay mil enfermos de espanto.

Rey   Siempre tuve por quimera,
               don García, estas fantasmas.

Álvaro   Bien puede ser que lo sea.

Rey   Estas suelen siempre ser
               fábulas de las aldeas,
               que es la ignorancia inventora
               y amiga de cosas nuevas.
               Acuérdome que decía,
               hablando en esta materia,
               un hombre de muy buen gusto
               y no menos experiencia,
               que tres cosas en su vida
               no supo jamás lo que eran
               ni dio crédito, que son:
               leguas, duendes y doncellas.

Álvaro   Esto dicen muchos, y hay
               criados de vuestra Alteza
               que también la han encontrado.

Rey   Mentirán, por vida vuestra.

García   Don Lope me contó anoche
               que ha escuchado las cadenas
               y los gemidos saliendo
               de Palacio.

Rey   Si él lo cuenta,
               verdad debe de decir.

| García | Y él de sí mismo confiesa
que no se atrevió a espetarla. |

| Rey | Pues en don Lope no es mengua
de valor, pues de su espada
sabemos tantas proezas. |

| Álvaro | Don Lope viene, señor. |

| Rey | Venga muy enhorabuena. |

Sale Don Lope

| | ¿Qué nuevas tenemos, Lope? |

| Lope | ¿Qué nuevas, señor? Muy buenas. |

| Rey | ¿Hay papel? |

| Lope | Y a vuestro gusto. |

| Rey | Qué albricias no me pidieras,
porque te diera Sevilla. |

| Lope | Basta tu gusto por ellas. |

| Rey | Idos y dejadnos solos. |

| Álvaro | En entrando con su Alteza
don Lope, todos sobramos. |

| García | Qué se puede hacer; paciencia. |

(Vanse.)

| Lope | Toma, señor, el papel. |

(Dásele.)

| Rey | Mil veces, don Lope, deja
que le bese y que le adore. |

| Lope (Aparte.) | (Y a mí que de celos muera.) |

| Rey (Lee.) | «Señor, vuestro grande amor...»
Pues dando crédito empieza
a mi amor, de pagar son
las muestras más verdaderas. |
| (Lee.) | «...don Lope me dio a entender...» |

| Lope (Aparte.) | (No iguala nada a mi pena.) |

| Rey (Lee.) | «...y agradecida...» |

| Lope (Aparte.) | (Estoy loco.) |

| Rey (Lee.) | «...pagarle intentar pudiera,
si le estuviera a mi honor,
a mi sangre, a mi nobleza,
tan bien, como ser esposa
de don Lope, que éste os lleva;
yo le adoro, y ha de ser
solo él mi dueño en la tierra,
a pesar del mundo todo;
no se canse vuestra Alteza.
Doña Esperanza, mujer
de don Lope.» |

(Vuelve a mirar a Don Lope.)

Lope
             El Rey se altera,
y me ha mirado enojado,
si no me engaño.

Rey
             ¿Que tenga
tal atrevimiento un hombre,
un vasallo, que en mi ofensa
cosa intente semejante,
y con esta desvergüenza
traiga a mi mano un papel
con más que puntos y letras
soberbias y desengaños?

Lope
¿Qué confusión es aquesta?
¿Qué ha escrito Esperanza allí,
que aquí me tiene sin ella?

(Vase el Rey a Don Lope, empuñada la espada.)

Parece que el Rey se viene
a mí, con la mano puesta
en la espada.

Rey
             Vive Dios,
que estoy, villano...

Lope
             Detenga
vuestra Alteza su furor;
mire, escuche, espere, advierta
que yo, que nunca...

Rey
             ¡Traidor!

Lope

Repórtese vuestra Alteza,
y tráteme bien, que soy...

Rey

¿Quién sois?

Lope

Una hechura vuestra.

Rey

Yo os volveré al primer nada.

Sale Doña María

María

Señor, ¿qué voces son éstas?
¿Vos con don Lope enojado?
Parece imposible.

Lope

Apenas
tengo sangre, en que La vida
estribe a causa secreta,
que en los reyes puede tanto.

María

Colérico estáis.

Rey

Es fuerza,
por lo que debo a un suceso
que después sabréis.

Lope (Aparte.)

Cabeza,
temblando estáis en los hombros;
veneno mezcló en las letras
Esperanza para el Rey,
por que yo a sus manos muera.

Rey

¿Don Lope?

Lope   Señor.

Rey   Besad
                luego la mano a su Alteza
                y prevenid la partida,
                que importa vuestra presencia
                a mi hermano Don Enrique
                en aquesta justa empresa
                que intenta contra Archidona,
                y en ocasiones como éstas,
                a vuestro valor la paz
                le está mal, habiendo guerra.

María   El Rey como es justo os honra,
                que allá la persona vuestra
                le podrá servir mejor.

Lope   Déme la mano su Alteza.

María   Dios os traiga con victoria.

Lope   Los pies de vuestras Altezas
                mil veces beso.

Éntrase Doña María y vuelve Don Lope

Rey   Advertid
                que no habéis de estar apenas
                dos horas en Cantillana,
                sin ver ventana ni puerta
                de doña Esperanza, o ved
                si os estorba la cabeza.

Lope

    ¡Ah vano amor, ya estarás contento!,
    si de verme dichoso estabas triste,
    pues sola una esperanza me diste;
    pluguiera a Dios se la llevara el viento.
       Llévate mis celos, pensamiento,
    allá con los sentidos que ofendiste,
    que a quien penas con lágrimas resiste
    es alivio faltarle entendimiento.
       O quítame a lo menos la memoria,
    como las esperanzas de mis dichas
    en una solamente me has quitado.
       No se me acuerde la pasada gloria,
    que no hay mayor desdicha en las desdichas
    que haber sido dichoso un desdichado.

Vase, y salen Doña Esperanza y Leonor

Esperanza

       ¡Ay Leonor!, mucho se tarda
    don Lope; culpa he tenido
    en haber con el Rey sido
    tan resuelta.

Leonor

          Espera, aguarda:
       eso que miras ahora,
    ¿no fuera razón de estado
    de amor haberlo mirado
    primero?

Esperanza

          Quien ciega adora,
       en nada, Leonor, repara.

Leonor

    Pues ten agora valor.

Esperanza

    Cuando le muestra el amor

que es muy poco, es señal clara.
¡Ay, no puedo sosegar!

Leonor
¡Qué temerosa mujer!

Esperanza
Pues me permites querer,
permíteme recelar.

Leonor
Recela, mas no de suerte
que venga a ser el recelo
tu muerte.

Esperanza
Ya no es consuelo
defenderme de la muerte;
vuelve a abrir esa ventana,
que parece que escuché
a don Lope.

Leonor
Ilusión fue,
pero no ha sido tan vana,
que pienso que ha entrado acá
Rodrigo.

Sale Rodrigo muy triste

Esperanza
Rodrigo mío,
¿y don Lope? ¿Mudo y frío
te quedas? Responde ya.
¿Queda en Palacio?

Rodrigo
Señora,
si no te dice el semblante...

Esperanza
Tente, tente, no prosigas,

que si es desgracia, no es tarde.

Rodrigo

Lo que me mandas haré.

Esperanza

¡Ay Rodrigo, si acertases
a decir que está don Lope
libre y vivo!

Rodrigo

      Dios le guarde,
que vivo y libre camina,
aunque sin acompañarle
ningún criado.

Esperanza

      ¿Qué dices?

Rodrigo

Si me permites que hable,
dirélo, mas temo luego
al comenzar que me atajes
con una corma en los dientes
y una horca en los gazñates.

Esperanza

Ya que me has asegurado
que está libre y vivo, dame
relación de su camino.

Rodrigo

Escúchame sin turbarme.

Esperanza

Di, Rodrigo.

Rodrigo

      Yo venía
como acostumbro, a buscarle
a Palacio, cuando veo
que por sus umbrales sale
haciendo extremos de loco

y arrojando de coraje
suspiros y espuma al viento,
cuando a los mismos umbrales
llegan dos postas, y en una
que le pusieron delante,
sin tocar pie en el estribo
subió al fuste por el aire.
Dile voces y seguíle,
cuando él, con razones tales,
me volvió a hablar, ajustando
al freno los alazanes:
«Rodrigo, queda con Dios,
que en desdichas semejantes
tú ni ninguno en el mundo
quiero que me acompañen.
Y dile al dueño que adoro
que pues que pretendió darme
la muerte con su papel,
ni me llore ni me guarde,
que aunque estoy agradecido
a su amor, por otra parte
me ha condenado a destierro
desengaño tan notable.
Que sea, como promete
siempre en su papel, constante,
ya que no me deja el Rey
que la vea ni la hable.
A la empresa de Archidona
me envía, donde matarme
podrán los celos primero
que los moriscos alfanjes.»
Con esto el caballo pica...

Esperanza   No prosigas ni te alargues

en excusadas pinturas,
ya que no lo son mis males.
¡Ay Leonor!

Leonor   Señora mía.

Esperanza   ¡Cómo no recelé en balde!
Porque siempre en sus desdichas
son profetas los amantes;
malhaya, Leonor, mis manos,
pues que no tuvieron arte
para engañar, siendo cosa
en las mujeres tan fácil.
¡Quemara un rayo la pluma,
o para la muerte darme,
después de haberlas escrito,
fuera cada letra un áspid!
Ténganme lástima todas
las que de firmeza saben,
por que no sientan de ausencia
las fáciles y mudables.
Loca estoy.

Leonor   Señora, espera.

Rodrigo   Señora, escucha.

Esperanza   Ya es tarde,
no hay que escuchar ni advertir,
dejadme hacer disparates,
que es desdicha notable
morir de firme una mujer amante.
Plegue a Dios, rey, que te dé
muerte un villano, un alarbe,

y cuando falte un Bellido,
que Don Enrique te mate.
Plegue a Dios que no te herede
tu hijo, y entre su sangre
revuelto tu cuerpo veas
y como villano acabes.
Y tú, dueño de mis ojos,
que vas imitando al aire,
vuélveme el alma, o permite
que te siga y que te alcance,
porque cuando a detenerte
mis pensamientos no basten,
el fuego de mis suspiros
es posible que te abrase;
que yo, haciendo de ellos alas,
también partiré a buscarte,
como amante salamandra
que nunca del fuego sale.
Espera, mi bien, espera,
no te alejes, no te apartes,
y estima en menos la vida.

Leonor   Señora.

Rodrigo   Escucha.

Esperanza   Dejadme;
que es desdicha notable
morir por firme una mujer constante.

(Vase.)

Rodrigo   Pues queda su amante aquí,
señora Leonor, aguarde,

que ha días que no la veo
y está un poquito intratable.
Ya sabe que no me voy
y cómo he quedado sabe
sin amo, y que he menester
que vuestra merced me ampare.
Aunque me falte don Lope,
su clemencia no me falte,
pues sobre el vino y perniles
tiene el poder y las llaves;
mira que está mi remedio
en tus manos celestiales.

Leonor   Yo me acordaré, Rodrigo,
de vos.

Rodrigo   Si ha sido vengarte
por el mismo estilo, vive
el Cielo, que no te alabes
de este desdén, si a rebato
toco de ausencia esta tarde.

Leonor   Qué poco pienso llorar
si aquesto que dices haces,
porque un médico me ha dicho
que son las lágrimas sangre,
y a mí cualquiera sangría
llega a punto de enterrarme,
cuanto más siendo en los ojos;
Dios mil años me los guarde.

Rodrigo   Luego ¿no te deberán
mis amorosos pesares
lo que a Esperanza don Lope?

Leonor

Rodrigo, no todas hacen
en el mundo esos extremos,
porque dicen las comadres
que suceden mil desdichas
de firmezas semejantes;
líbreme Dios de ser necia,
¡Jesús, Jesús!

Rodrigo

        Persignarte
con esta daga quisiera,
porque mejor te admirases,
fregona injerta en doncella,
doncella de Dios lo sabe,
mula gallega, en esto.

(Va a darla.)

Leonor

Tate, Abraham, tate, tate,
que es desdicha notable
morir sin gana a manos de un salvaje.

Rodrigo

Bien te has vengado, enemiga;
plegue a Dios que mueras antes
que lo que en amor me debes
en viles celos me pagues.
Plegue a Dios que cuando friegues,
plegue a Dios que cuando laves,
el jabón y el estropajo
que a toda sobra te falte.
Plegue a Dios que cuanto guises
se te caiga del alnafe,
y cuando tengas más gusto
te yerre un vestido un sastre,

que yo me diera la muerte
con esta daga mudable
para vengarme de ti,
si no pensara matarme,
que es desdicha notable
que quede España sin Rodrigo Hernández.

Vase, y salen el Rey y Doña María, de caza

Rey   Sirva de hermoso esmalte a esta belleza
de este apacible sitio la esmeralda
y esa de plantas áspera maleza,
salvaje por el pecho y por la espalda.
Mira ese arroyo que a bajar empieza
desde ese risco hasta esa verde falda
qué de racimos de cristal de roca
que desperdicia cuando al valle toca.
   Mírale luego al son de los amores
de tantas aves cómo se dilata,
ya haciendo pasamanos de las flores,
ya entre las yerbas, víbora de plata.
Todo convida, amor inspira olores;
dichoso el que estas soledades trata
sin pena, ociosamente descuidado,
libre de la ambición y del cuidado.
   ¡Oh grande imperio de quietud! ¡Oh vida,
la más sabrosa, dulce y regalada,
de pocos en el mundo conocida,
de muchos sin buscarte deseada!
Hoy tu apacible sitio me convida
más que del fiero jabalí la armadura,
a apacentar la vista en tu hermosura,
adonde siempre la esperanza dura.

María   El nombre de Esperanza ha muchos días
que anda valido en vos, y me han contado
que os cuesta algún cuidado, y aun porfías
una esperanza de otro verde prado;
y éstas deben de ser melancolías
que queréis divertir de enamorado,
que sois muy tierno vos.

Rey   Como los cielos,
os vestís siempre de color de celos,
 que ha hecho amor en vos naturaleza
la costumbre ordinaria de pedillos,
aunque a ofender llegáis vuestra belleza
solo en imaginallos.

María   Divertillos
con ello procuráis.

Sale Don García

García   Ya la aspereza
de esta montaña, a quien sirvió de grillos
ese arroyuelo en el invierno helado,
ya en plata fugitiva desatado,
 el cerdoso animal penetra ahora
acosado de perros y monteros,
porque desde la risa de la aurora
le han seguido valientes y ligeros.
Primero que la noche encubridora,
hecha pavón soberbio de luceros,
baje, podéis seguirle con ventaja,
porque al cristal de aquella fuente baja.

Rey   Vamos, Diana de esta verde selva,

porque Venus por vos tome venganza,
cuando a los ojos de su Adonis vuelva
del campo flor con inmortal mudanza.

María   La montería al valle se revuelva.

Rey   Don García.

García   Señor.

Rey   ¿Qué hay de Esperanza?

García   Habléla.

Rey   ¿Y qué responde?

García   No despide.

Rey   ¿Podré perderme?

García   Sí.

Rey   Caballos pide
         y mira no me pierdas, don García,
         que contigo he de hacer esta jornada:
         ¿podráse asegurar Doña María?;
         porque ha dado en andar desconfiada.

María   Por aquí suena ya la montería.

(Suena ruido de caza.)

García   La traza de la caza fue extremada.

Rey   ¡Oh, quién viera premiar tantas finezas!

García   Caballo y palafrén a sus Altezas.

Vanse y salen Leonor y Perafán

Perafán   ¿Adónde está retirada
                       Esperancica, Leonor?

Leonor   En su aposento, señor.

Perafán   ¿Qué tiene?

Leonor   No tiene nada.

Perafán   Pues ¿qué novedad es ésta,
                       si suele salirme al paso?
                       ¿Siéntese indispuesta acaso?

Leonor   Triste sí, mas no indispuesta.

Perafán   Triste, sin duda que ha sido
                       la ocasión de este rigor
                       que con don Lope, Leonor,
                       en desterrarle ha tenido
                           sin más ocasión el Rey
                       que su misma voluntad,
                       que es cobarde la crueldad
                       y a ninguno guarda ley.
                           Quien le vio ayer comenzar
                       a privar, que no dijera
                       que aquesto imposible fuera;
                       ocasión debió de dar,
                           puesto que me parecía

don Lope buen caballero.
Llama a Esperanza, que quiero,
porque acostarme querría,
   darle primero unas nuevas
de su hermano.

Esperanza   Cuando oí
tu voz a verte salí.

Perafán   Mal dice Leonor que llevas
   este destierro, Esperanza,
de don Lope.

Esperanza   Señor, sí;
que como posaba aquí,
también el pesar me alcanza,
   que el trato del hospedaje
siempre engendra voluntad.

Perafán   Y yo le tengo amistad,
mas no hay quien el gusto ataje
   de un Rey mancebo y quizá
con una punta de celos.
Éstos son necios desvelos,
lo que él quisiere, será;
   en mi casa estoy seguro
sin ninguna pretensión,
sin envidia, ni ambición,
que solo vivir procuro;
   a ese muchacho quisiera,
pues es tan hombre de bien
y lo merece también,

que el Rey mercedes le hiciera,
que yo no pretendo más.

Esperanza   ¿Qué ha sabido de mi hermano?

Perafán   Que antes que pase el verano
vendrá a verme.

Esperanza   Tú me das
muy buenas nuevas (¡ay, Dios,
cuánto esforzarme procuro!).

Perafán   Hizo treguas con el muro
granadino ya por dos
    meses Enrique, y levanta
el sitio, y contra Archidona
marcha también en persona
a conquistarla con tanta
    resolución que la villa
no se le resistirá
una semana, y dará
luego la vuelta a Sevilla.

Esperanza   Tráigale con bien el cielo.

Perafán   Bien puede ser que perdón
alcance en esta ocasión
del Rey, don Lope Sotelo,
    cuando la guerra se acabe,
si ha sido leve el disgusto.

Esperanza (Aparte.)   Nunca el amor es tan justo
que perdonar celos sabe.

Perafán

Esto me escribe tu hermano.

Esperanza

¿Recogerte determinas?

Perafán

Los viejos somos gallinas
en acostarnos temprano,
    y así recogerme quiero;
recógete tú.

Esperanza

        Sí haré.
Dios te guarde.

Perafán

            Dios te dé
buen sueño.

(Vase.)

Esperanza

        El mortal espero.

Leonor

    La esperanza eres peor
que se puede imaginar,
pues te pones a esperar
cosa tan mala.

Esperanza

        ¡Ay, Leonor!;
    qué poco sabe tu pecho
de amorosa voluntad.

Leonor

Ella es mucha necedad,
hay muy pocas que la han hecho.

Esperanza

    Soy de aquesta condición,
¿qué quieres?

Leonor
                    Que al uso seas,
            si ser discreta deseas,
            y vivir en conclusión:
                mira tú en lo que han parado
            esas que firmes han sido,
            si fábulas no han mentido,
            y autores se han engañado.
                Tisbe murió con la espada
            de Píramo; Hero también,
            a Alejandro hizo sartén,
            y murió en él estrellada,
                y otras muchas, que el amor
            las trajo al último exceso.

Esperanza
            ¿Y no dejaron con eso
            eterna fama, Leonor?

Leonor
                De fama hablas ahora:
            ¡qué amor tan gentil profesas!

Esperanza   Nunca de cansarme dejas.

Leonor
            Tengo lástima, señora,
                a tus años y quisiera
            que como era justa ley,
            que no te tuviera el Rey
            por aldeana y grosera,
                que en ello consistiría
            de tu don Lope el remedio,
            más que en otro humano medio:
            ¿qué dijiste a don García?

Esperanza   Ni bien ni mal.

Leonor
La tibieza
es el estado peor.
¿Vendrá el Rey?

Esperanza
No sé, Leonor.

(Suenan guitarras.)

Leonor
Música en la calle empieza.

Esperanza
Será el Rey, que don García
me previno esta mañana.

Leonor
Ponte un poco a la ventana
por tu vida y por la mía.

Esperanza
No tengo gusto, antes quiero
recostarme en este estrado.

Leonor
En gentil grosera has dado.

Esperanza
De esta suerte vivo y muero.

(Cantan dentro.)

Músicos
Los negros soles de Albania
estaba adorando Tirsi,
tan avaros, que al del cielo
niegan la luz que les piden.

Esperanza
Qué músicos tan cansados.

Leonor
¿No te agradan? ¿Es posible,
que cantando de esta suerte,

estas voces no te obliguen,
cuando no viniera el Rey
a favorecerlas?

Esperanza   Viven
muy lejos las alegrías
de mis pensamientos tristes.
(Vuelven a cantar.)   Por hermosa y por soberbia
es amiga de imposibles,
y con ser Sol de estos campos,
es sombra de quien la sigue;
mas ay del triste
que quiere el Cielo
que en el viento fíe.

(Duérmese Esperanza.)

Leonor   Durmiese, que solamente
así ha querido rendirse;
quiero dejar que descanse.

(Vase.)

Habla Esperanza en sueños

Esperanza   Seáis, dueño de mis ojos,
bien venido, que os partisteis
con el alma, y me dejasteis
sin mí, y con vos siempre firme.
Dadme los brazos, mi bien,
y como yedra ceñidme,
que soy vuestra. ¿Qué es aquesto?

Sale Don Lope y levántase Esperanza

¿Qué causas, mi bien, te impide?
¿Vos conmigo desdeñoso?
¿Vos enojado? ¿Vos triste?
Celoso estáis, esperad;
no os vais, escuchad, oídme,
iré tras vos dando voces;
¡oh, mi bien!

Vase a entrar por donde está Don Lope y se encuentra con él

Lope   ¿Qué empresas sigues
Esperanza de este modo?

(Despierta.)

Esperanza   ¡Ay!, ¿quién eres?

Lope   Yo soy.

Esperanza   ¿Finge
esto el sueño todavía?
¿O eres sombra, que te vistes
del original que adoro?

Lope   Si duermes, despierta, y ciñe,
mi vida, esos dulces lazos
a quien te adora tan firme
como tú misma.

Esperanza   ¿Qué es esto,
mi bien?

Lope   Venir a servirte,

venir a verte y adorarte.

| Esperanza | Señor, parece imposible;
¿por dónde entraste? |

Lope

           Por ese
balcón, que de oriente sirve
a tus ojos, cuando quieres
dar a los campos abriles.
Que como ladrón de casa,
por aquella parte vine
que asegura el sordo Betis
que duerme entre juncia y mimbres,
que con la fama y recelo
de esta fantasma que dicen
no hay envidioso que escuche
ni malicioso que mire.

Esperanza

Con música en esta calle,
al Rey encontrar pudiste.

Lope

Primero se fueron todos.

Esperanza

Don García me persigue
por el Rey.

Lope

           Será mandado;
es fuerza que determines
ir entreteniendo al Rey,
que importa a los dos; resiste
a tu misma condición,
que haber escrito tan libre
y con tantos desengaños,
como pienso que escribiste,

pudo ser causa, Esperanza,
de mi muerte; hasta que miren
los cielos nuestros deseos
con más venturosos fines,
(que todo al poder del tiempo
viene a mudarse, a rendirse,
y más en el que es mudable,
viendo la empresa imposible)
tú a sus ruegos, Esperanza,
siempre cortés, y difícil,
sin darle jamás favores
es bien que contemporices,
que es en efecto absoluto
dueño de todo, y consisten
nuestras dos vidas en ello,
puesto que llego a pedirte
la cosa más peligrosa
que a las mujeres se pide;
mas conociendo tu pecho,
no es razón que desconfíe.

Esperanza   Con eso solo me ofendes.

Lope   Perdona si te ofendiste,
que quien ama confiado
o es necio o está muy libre;
todas las noches vendré
y adiós, que el alba se ríe,
si no me engaño, Esperanza,
que ya despiertos lo dicen
los gallos de Cantillana
y no quiero que al partirme
me encuentren sus labradores,
que los villanos son linces,

y fálteme la tierra, el agua, el viento,
la luz del Sol que cuanto vive alcanza,
y de mis enemigos la venganza,
el propio honor, el mismo entendimiento,
el ánimo a la sangre, el nacimiento,
en mis desdichas esperar mudanza
y deberte, Esperanza, la esperanza
que es el más apretado juramento.
Fálteme Dios en la postrera suerte
que hay del vivir humano al postrer sueño,
cuando a este trance su clemencia pida,
si tuviere poder la misma muerte,
para quitarme, regalado dueño,
el amor que te tengo con la vida.

Esperanza   Pues primero será la noche día
y niebla el Sol, verano el cano invierno,
la guerra paz, lo temporal eterno,
disgusto el bien, pesar el alegría:
volverá el tiempo atrás y en la porfía
de la fortuna varia habrá gobierno,
pena en la gloria y calma en el infierno,
que deje de adorarte el alma mía,
que no podrán mudarme de este intento
el Rey, ni el Sol, si lo que ve me ofrece,
que por ti todo lo desprecio y piso;
que la mujer, aunque igual al viento,
si sale firme, espíritu parece
en no volver atrás en lo que quiso.

Fin de la segunda jornada

Jornada tercera

Salen todos los que pudieren armados graciosamente y Rodrigo de sacristán, Carrasca, alcalde labrador, y Zalamea vejete, alcalde, y sacan cajas de guerra

Zalamea

Hagan alto las hileras
en aquesta encrucijada
que es por donde salir suele
este Demonio o fantasma.
La frente del escuadrón
nos toca a mí y a Carrasca
por el oficio, en efecto,
de alcaldes de Cantillana.
El sacristán esté a punto
con el hisopo y el agua
para en oyendo el ruido...

Rodrigo

Por las aleluyas santas,
por los kiries y responsos,
que tengo de zampuzarla
en el caldero, aunque venga
en figura de tarasca.
Mal conocen los señores
alcaldes la temeraria
virtud del sacristán nuevo,
el valor y las palabras.
Conjuros sé con que puedo
arrojar esta fantasma
al rollo de Écija; miren
adónde quieren que vaya.

Carrasca

Mira, el rollo, sacristán,
no la ha menester, echadla
a Vienes que hay una legua,

cuando aguas y lodos haya,
que por Dios entonces ella
la legua que he dicho pasa
viva, que no ha de quedar
en un mes para fantasma.

Zalamea   Harto mejor será, alcalde,
que llegue allá descansada
por que sepan los de Vienes
que hay valor en Cantillana
para hacerles mal.

Carrasca   Decid,
Zalamea, cuando falta
para esto, ¿cuánto y más dónde
hay tan bellacas entrañas
como en nosotros?

Zalamea   Decidlo
por vos, compadre Carrasca,
que a pesar de todo el mundo
yo las tengo muy hidalgas.

Carrasca   ¡Qué hambrienta que las tendeles!

Zalamea   ¿Qué queréis, han de estar hartas
de pan, ajos, cebollas
como las vuestras, Carrasca?

Carrasca   Por eso, bien que las vuestras,
por no parecer villanas,
nunca han comido tocino.

Zalamea   Mentís por medio la barba.

Carrasca   Y vos por esotra media.

Zalamea   ¡Villano!

Carrasca   ¡Hidalgo sin branca!

Zalamea   ¿Eso es falta?

Carrasca   ¿Pues hay cosa
                que a todos haga más falta?

Zalamea   A mí, no; que mi nobleza,
                tan conocida, me basta.

Carrasca   ¡Si descendéis de Lentinos,
                claro está!

Zalamea   Por la Giralda,
                de la torre de Sevilla,
                de un pampaco que la vara
                os la rompo en la cabeza.

Carrasca   No se os debe de dar nada
                de la crisma que hay en ella.

Rodrigo   ¡Ea, señores!, no vaya
                esto a mayor rompimiento.

Carrasca   Agradeced, Martín Gala,
                al sacristán, que yo os diera
                a entender.

Rodrigo   Digo que basta.

Carrasca   Baste muy enhorabuena.

Rodrigo   Si no sea enhoramala.

Carrasca   El sacristán nos perdone,
                  que tiene razón.

Rodrigo   No falta
                  sino perderme el respeto;
                  no saben que en esta causa
                  traigo las veces del cura,
                  y su bonete y sotana,
                  y puedo descomulgarlos,
                  como quien no dice nada,
                  y casarlos siete veces,
                  si se me antoja.

Zalamea   Esa es mala
                  burla de Dios.

Rodrigo   No me enoje
                  que volveré las espaldas,
                  dejándoles, si son necios,
                  a cuesta con la fantasma.

Carrasca   Señor sacristán Rodrigo,
                  perdone vuseñoranza,
                  para que Dios le perdone,
                  porque si mos desampara,
                  somos perdidos.

Rodrigo   Está
                  muy bien, desle ahora traza

de cómo hemos de embestirle.

Zalamea   Con el guisopo y el agua
             ha de ir delante de todos
             cuando toquemos al arma,
             el sacristán, y nosotros
             guardándole las espaldas.

Rodrigo   ¿Y esta fantasma, en efecto,
             qué hora tiene señalada
             para venir?

Zalamea   A las doce
             y media, poco más, baja
             de aquella ermita a la villa,
             y poco a poco a la plaza
             por aquellas cuatro calles.
             Esto ha dicho Blas de Olaya,
             que la vio, oyendo el ruido,
             pasar desde su ventana,
             y estuvo sin habla un día.

Carrasca   Antona está con tercianas
             de haberla visto una noche
             desde lejos.

Zalamea   La Polanca
             malparió un hijo.

Carrasca   Antón Crespo,
             de escuchar desde su cama
             el ruido, habrá tres días,
             y serán cuatro mañana,
             que no come y que se sale

como tinaja quebrada.

Rodrigo

Pasará gran pesadumbre,
si de esa suerte lo pasa;
¿y en qué figura, en efecto,
aparece esta fantasma,
por que estemos prevenidos?

Zalamea

Todos cuantos de ella hablan,
diferencian en el modo:
unos dicen que es muy blanca
y tan alta, que pasea
los tejados con la cara;
otros, que es un bulto negro;
otros, que es como una vaca,
con tres cabezas, echando
por todas tres humo y llamas;
mas ninguno se conforma
con el otro.

Rodrigo

Enigma extraña;
esta noche lo veremos;
alerta no se nos vaya
de las manos.

Zalamea

Si ella viene
esta noche lo veremos;
le mando mala ventura.

Carrasca

Yo prometo desollarla,
y a la puerta de la iglesia
colgarla llena de paja,
a donde todos la vean.

Rodrigo   ¡Oh, qué graciosa alcaldada!
                 ¿Qué es espíritu no veis?

Carrasca   Porque no lo sea.

Rodrigo   Extraña
                 simplicidad.

(Suena dentro ruido de cadenas.)

Zalamea   Imagino,
                 si mi vejez no me engaña,
                 que han sonado unas cadenas.

Carrasca   Y han vuelto a sonar.

Rodrigo   Malhaya
                 quien no tiene muy gran miedo.

(Gemidos dentro.)

Zalamea   Parece que un toro brama.

Rodrigo   Y aun infierno de toros;
                 a todos tiembla la barba.
(Vuelven gemidos.) Otra, ¡vive Dios!, que está
                 el diablo en Cantillana.

Carrasca   Sacristán, esto se acerca;
                 salgamos tocando al arma
                 y comenzad el conjuro.

Todos a voces

| Todos | ¡Conjuradla, conjuradla! |

| Rodrigo | ¡Conjúrela Barrabás! |

| Carrasca | Ya llega. |

| Zalamea | ¡Santa Leocadia!
¡Santa Tecla! ¡Santa Eufemia!
¡Santa Águeda! ¡Santa Engracia! |

| Rodrigo | ¡Exíforas, abernuncio! |

| Zalamea | ¡Todos los santos me valgan! |

| Carrasca | ¡No hay ánimo que la espere;
huyamos! |

| Rodrigo | De buena gana. |

Van a entrarse y encuentran con el Rey

Con ella hemos dado agora
por estotra parte; aparta,
no hay duda sino que está
el diablo en Cantillana.

Vanse y salen Don García y el Rey

| García | Por fantasma te han tenido. |

| Rey | Desta manera se engañan
los que dicen que la han visto. |

| García | ¡Qué propia gente villana! |

Rey
                    Con notable miedo corren,
y viene a ser de importancia
a mi amor, pues de esta suerte
la calle nos desamparan,
y sin testigos podremos
conquistar la hermosa causa
que adoro.

García
                       Ya, al parecer,
va siendo menos ingrata,
pues esta noche me ha dado
de que te ha de hablar, palabra,
arrepentida, señor,
con razón de las pasadas.

Rey
                    Tira una piedra, García.

(Tiran una piedra.)

García
                    Ya va.

Rey
                      Y con ella a mis ansias,
que pudieran, don García,
con más razón despertarla.

García
                    Y dices bien, que parece
que se ha dormido.

Rey
                       Pues vaya
otra piedra, y piedra a piedra
llame, donde amor no basta.

(Vuelven a tirar otra piedra.)

García   Ya he tirado y parece
                que han abierto la ventana.

Abren una ventana y está en ella Perafán, viejo

Rey   Pues retirate, García,
                  si no es sueño que me engaña.

(Vase García.)

Perafán   Un hombre a este balcón pienso
                que se acerca.

Rey   ¿Es Esperanza?
                ¿Es mi bien?

Perafán   Esto está bueno;
                las piedras no me engañaban.

Rey   ¿No respondéis?

Perafán   Caballero,
                cortesano o de la casa
                del Rey: hacedme el favor
                de ésta que veis, respetarla,
                que es de un noble caballero
                que su honor y sangre guarda,
                y estamos en una aldea,
                adonde con poca causa
                desacreditarse puede
                entre malicias villanas,
                y no es bien hacer terrero
                a costa de opinión tanta,

ni que deis por hacer señas
en mi honor tantas pedradas,
que descalabréis mi vida
y despertéis mi venganza.
Si pretendéis casamiento
y sois noble, las ventanas
no solicitéis con piedras,
que puertas tiene mi casa.

(Éntrase.)

Rey   Entróse. ¡Por Dios, que el viejo
que tiene prudencia rara
y valor! ¿Iréme? No;
que él se habrá vuelto a la cama,
y ella saldrá, porque el Sol
primero que el Alba salga;
¡oh amor!, al inconveniente,
qué de pensiones que pagas,
aunque vencedor de todo
el mundo tiembla tus armas.
Lisonjea, amor, mis penas,
pues me estás debiendo tantas
con hacer que todos duerman
y solo vele Esperanza.
Mas, ¡vive el cielo!, que ahora
sale un hombre de su casa:
o he de matarle, por Dios,
o conocerle.

Sale Perafán con espada y broquel

Perafán   Pues causan
en vos tan poco respeto,

caballero, las palabras,
y me obligáis, ¡vive Dios!,
que con las obras os haga
conocer que sois grosero
y os he de echar con la espada,
pues no puedo con razones,
de la calle a cuchilladas;
veréis quien soy, aunque viejo,
porque el valor nunca falta
donde hay sangre noble.

(Vase el Rey sin hacer caso de él.)

       Fuese
sin responderme palabra,
y vive Dios que parece
que es el Rey, si no me engaña
el crujido de las piernas.
Pesárame que Esperanza
dé al Rey ocasión ninguna,
siendo de don Juan hermana
y de aquesta sangre hija.

Dentro Don Juan

Don Juan   Ten de aqueste estribo y llama.

Perafán   Mi hijo es éste, sin duda
que ha llegado; bien se acaban
los recelos de esta noche
con nuevas tan deseadas.

Vase y salen Doña Esperanza y Don Lope

Esperanza

Ya, dueño del alma mía,
vuestra remisión culpaba,
y me ha debido por vos
muchas lágrimas el alma.

Lope

Mi bien; no ha podido ser
menos, puesto que está el alma
siempre con vos.

(Dentro.)

Perafán

Entra, Juan,
despertarás a tu hermana.

Don Juan

Un hombre está allí con ella,
si las sombras no me engañan.

Perafán

¿Un hombre? ¡Mátale!

Esperanza

¡Ay, cielo!
Si puedes, mi bien, te escapas,
que son mi padre y mi hermano.

Lope

No te alborotes, aparta,
y no temas, mientras vieres
en este brazo esta espada.

Salen Perafán y Don Juan con espadas desnudas

Perafán

¿Quién eres, hombre?

Lope

Don Lope,
dueño de doña Esperanza.

Don Juan   ¿Quién, di?

Lope   Don Lope Sotelo.

Perafán   ¿Don Lope?

Lope   ¿De qué te espantas?

Perafán   De verte en mi casa así.

Lope   Para ese seguro guarda
                            doña Esperanza una firma
                            de mi mano, en que declara
                            que es mi esposa; reportaos,
                            que podrá ser de importancia
                            el haberme hallado aquí
                            a todos, con la llegada
                            del señor don Juan, que el ciélo
                            para mi bien esto traza;
                            volved con este los dos
                            las espadas a las vainas,
                            pues sabéis quién soy.

Perafán   Entremos.

Don Juan   Notable aventura.

Perafán   Extraña.

Vanse y sale el Rey vistiéndose y acompañamiento

Rey   ¡Pesadas noches!

García   Ningunas

tiene más cortas el año.

Rey
Hácenlas más importunas
de un dulce amoroso engaño,
tantas contrarias fortunas,
 que en las sabrosas porfías
de las esperanzas mías,
que tan poco bien me ofrecen,
siglos las horas parecen
y eternidades los días.

Sale Doña María y toma la toalla

Dadme la toalla.

María
Aquí
para servírosla estoy.

Rey
Vos tanta merced a mí

María
Si sois mi rey.

Rey
Vuestro soy.

María
Quiero ver, señor, si así
 puedo granjearos más,
pues nunca alcancé jamás
a gozar de vos una hora.

Rey
Siempre habéis de estar, señora,
con celos.

María
Ya es por demás
el poder vivir sin ellos,

pues siempre tengo ocasión
de pedillos y tenellos.

Rey   Vanas ilusiones son;
más valor fuera vencellos,
 que por los hermosos ojos
soles vuestros celestiales,
que son quimeras y antojos.

María   Siendo ciertas las señales,
¿no lo han de ser los enojos?

Rey   Ciertas, ¿cómo?

María   Tomaos vos
cuenta a vos mismo, y veréis
si en vano os culpo.

Rey   Por Dios
que os engañáis, pues sabéis
que un alma somos los dos,
 y es de quien sois desigual
que habléis en cosa tan vil.

María   Si amáis, no os parezca mal,
que aunque es materia civil,
es de causa criminal.

Rey   Sí, pero a tales personas
los celos nunca han llegado,
que son líneas de otras zonas,
porque siempre han respetado
los cetros y las coronas;
 y cuando atrevidos fuesen

fuera bien que les venciesen.

María   Vos en salud nos sangrasteis,
que a don Lope desterrasteis
por que no se os atreviesen.

Rey   Ya es eso, por Dios, pasar
de celosa a maliciosa.

María   Siempre lo debe de estar
la que llega a estar celosa,
que celos es sospechar.

Rey   De esa suerte no es certeza.

María   Con vuestra Alteza no arguyo,
porque a ser sofista empieza.

García   Perafán y un hijo suyo,
para entrar a vuestra Alteza,
piden que puerta les den.

María   No falta sino que venga
doña Esperanza también.
La audiencia no se detenga,
por mí esperando no estén.
honrarlos, pues en efecto
a hacerlo estáis obligado,
en público y en secreto,
porque a un suegro y a un cuñado
se les debe ese respeto.

(Vase.)

Rey   Todo de esta vez lo dijo:
            notable es Doña María;
            pero para qué me aflijo:
            haced entrar, don García,
            a Perafán y a su hijo;
             ahora corre este humor,
            y ha de perdonar si en mí
            viere causa a su rigor.

García   Ya está Perafán aquí.

Salen Perafán y Don Juan

Perafán   Danos tus plantas, señor.

Rey   Dios os guarde, Perafán
            de Ribera, y seáis vos
            muy bien venido, don Juan.

Don Juan   Mil años os guarde Dios,
            y del helado alemán
             al etíope abrasado
            dilate vuestro valor
            con vuestro nombre.

Rey   ¿En qué estado
            queda la guerra?

Don Juan   Señor,
            estas treguas fin han dado;
             pide partido Archidona
            para ser de la Corona
            de Castilla, y a este efecto,
            aunque sin gusto, os prometo

de que falte mi persona;
con ese pliego me envía
Enrique.

Rey   ¿Queda mi hermano
con salud?

Don Juan   Salud tenía
cuando partí, aunque el verano
ha durado la porfía
de la guerra.

Rey   Yo deseo
haceros merced, don Juan,
porque vuestro valor veo,
y el que tiene Perafán,
y acudir quiero al empleo
de doña Esperanza.

Perafán   Ahora
hay ocasión.

Rey   ¿De qué suerte?

Perafán   Don Lope Sotelo adora
sus partes, y aunque divierte
tras la espada vencedora
de Enrique, en esta jornada,
con las armas el amor,
esta cédula firmada
del nombre suyo, señor,
(Dale al Rey la cédula.) a doña Esperanza dada,
como es razón, reconoce,
y determina cumplilla,

que obligaciones conoce
del hospedaje Castilla,
así mil años os goce,
 que nos honréis, si hay lugar,
dando a don Lope licencia
para venirse a casar,
porque puede con su ausencia
riesgo nuestro honor pasar.
 Esto don Juan por merced
que pediros ha traído,
lo que interesamos ved,
y a lo que él os ha servido
aquella merced haced,
 o a lo que mi padre y yo
a vuestro padre y abuelo...

Rey   De esta suerte.

(Rompe el Rey la cédula.)

Perafán   ¿Quién premió
jamás tan heroico celo
que la obligación rompió?
 Vive Dios, que no habéis hecho
lo que debéis al valor
de esta sangre y de este pecho.

Don Juan   Si con nuestro deshonor
queréis quedar satisfecho
 del enojo que tenéis
con don Lope, vive Dios,
que pagar no pretendéis
lo que debéis a los dos,
y que a los dos obliguéis.

Perafán   A un desatino.

Rey   ¿Qué es esto?

(Entrándose el Rey, vuelve a ellos.)

Perafán   Señor, yo...

Don Juan   Yo...

Rey   Basta ya.

(Vase el Rey.)

Don Juan   Echó la fortuna el resto;
                   ¡que nos despreciase así!

Perafán   Otro secreto hay aquí
                   más que sabemos los dos,
                   que lo sospeché, por Dios,
                   y anoche lo descubrí,
                    aunque te lo deslumbré
                   cuando llegaste, don Juan.

Don Juan   ¿Cómo?

Perafán   Presumo que fue
                   el Rey.

García   Señor Perafán,
                   hoy vuestro valor se ve.
                    A vos y a don Juan, su Alteza
                   manda que así como estáis,

con pena de la cabeza,
de Cantillana salgáis
luego.

Perafán   Bien su Alteza empieza
a premiarnos.

García   Perdonadme,
y, como es justo, los dos
de las nuevas disculpadme.

(Vase.)

Don Juan   ¡Moros hay, y vive Dios!...

Perafán   Calla, Juan.

Don Juan   Padre, dejadme,
que de cólera reviento.

Perafán   Obedezcamos al Rey,
que ha de haber más sufrimiento
en más valor.

Don Juan   Esta es ley
de un injusto pensamiento.

Perafán   Esto debe de importar;
vamos donde van sus leyes,
que en todo hemos de pensar,
don Juan, que aciertan los reyes,
y obedecer es callar.
Eso es justicia y razón,
lo demás es desatino,

porque Dios, en conclusión,
es en lo humano y divino
la postrera apelación.

Vanse, y salen Esperanza, Rodrigo y Leonor

Esperanza   Rodrigo.

Rodrigo   A pedirte vengo
la mano y la bendición,
porque determinación
de irme con don Lope tengo.
 Pruebo mal en el oficio,
si puede llamarse así,
de sacristán, porque aquí
no es de ningún beneficio,
 que de almorzar no se gana
apenas, y es destruirse,
porque han dado en no morirse
cuantos hay en Cantillana,
 que el médico está enojado
con el cura, y descompuesto
el boticario, y por esto
los responsos han colgado,
 y han jurado el boticario
y el médico que han de estar
seis veranos sin matar,
como suele de ordinario;
 ésta es la causa, señora,
que con don Lope me lleva,
si la guerra no me prueba
también.

Esperanza   No intentes ahora

hacer mudanza ninguna;
quédate, Rodrigo, en casa,
mientras de don Lope pasa
y de mi amor la fortuna,
 que será muy brevemente;
aquestas nuevas te doy.

Rodrigo   Tu esclavo, señora, soy,
y lo seré eternamente;
 vivas más años que un censo
perpetuo, que una muralla,
que la manta de Cazalla,
porque con tu ayuda pienso
 ser de Leonor, a pesar
del tiempo, dueño.

Leonor   Eso no,
Miguel de Vargas, que yo
mejor me pienso emplear
 cuando haga ese disparate.

Rodrigo   Pues qué, ¿aun no somos amigos?

Leonor   Vienes oliendo a bodigos.

Rodrigo   Pluguiera a Dios.

Esperanza   No se trate
 de pesadumbres agora.

Leonor   No entendí verte jamás
alegre, y pienso que estás
de mejor humor, señora;
 si no me engaño, imagino

que hace algún efecto el Rey,
porque un rey, a toda ley...

Esperanza   Mi padre pienso que vino,
 y mi hermano.

Rodrigo   Pues ¿está
el señor don Juan aquí?

Esperanza   Desde anoche llegó.

Rodrigo   Así
de don Lope nos dará
 famosas nuevas.

Esperanza   Rodrigo,
lo que te he dicho es lo cierto.

Rodrigo   Pliegue a Dios que al dulce puerto
llegue don Lope contigo,
 tras tantas olas de ausencia,
de celos y de temor;
yo quiero dar al señor
don Juan hoy, con tu licencia,
 la bienvenida.

Salen Perafán y Don Juan

Perafán   Aquí está
Esperanza.

Rodrigo   Bienvenido
vuesa merced haya sido,
que era deseado ya

de todos sus servidores.

(Habla Esperanza con su padre en secreto.)

Vuesa merced ¿viene bueno?

Don Juan   Perdonad, que soy ajeno
de quién sois.

Rodrigo   Estos señores
siempre me han hecho merced,
y les estoy obligado.

Esperanza   Es de don Lope criado
Rodrigo.

Rodrigo   Vuestra merced
desde hoy por suyo me tenga.

Don Juan   Guárdeos Dios.

Perafán   Esto ha pasado:
El Rey nos ha desterrado,
que de esta suerte se venga
de sus celos y de ti.

Esperanza   En casa os habéis de estar,
sin que salgáis del lugar,
y dejadme hacer a mí,
que el Rey quiere ser llevado
por bien.

Perafán   Tu hermano ha venido,
Esperanza, sin sentido.

Esperanza	Venid y perder cuidado,
	que no hay del Rey qué temer,
	mientras mi industria os ampare,
	y si yo no le engañare,
	no me llamaré mujer.

(Vanse Esperanza, su padre y hermano.)

Rodrigo	¡Ah, doncella!
Leonor	¿Qué nos manda?
Rodrigo	Que procure componerme donde duerma.
Leonor	¿Luego duerme?
Rodrigo	Y más si es la cama blanda.
Leonor	¿No le desvela el amor?
Rodrigo	El suyo en toda mi vida.
Leonor	¿Luego hay otro?
Rodrigo	No me pida tanta cuenta.
Leonor	¡Qué rigor!
Rodrigo	He dado en esto.
Leonor	¡Oh, qué bueno!

Rodrigo

Yo me voy, mire que esté
de mano de su merced
la cama.

Leonor

Picaño, lleno
de más vino que de amor,
¿él se hace grave conmigo?

Rodrigo

Oh, por vida de Rodrigo,
que está donosa Leonor.

Leonor

¿Qué tanto?

Rodrigo

Que me das gusto;
di a tu galán que me vea,
si ser dichoso desea,
que haceros merced es justo.

Leonor

¡Bergante!

Rodrigo

Basta.

(Vase Rodrigo.)

Leonor

No hay cosa
que cause tanto pesar
en el mundo, como estar
de un despicado celosa.

(Vase.)

Sale Don Lope. Es de noche

Noche, en cuyo atrevimiento
mis recelos se confían,
mis esperanzas se fían
y alienta mi pensamiento.
 Vos seáis tan bien venida
como fuisteis deseada
del alma más abrasada
que se vio de amor perdida.
 Vuestra ciega oscuridad
ampare mi loco amor,
y mi celoso temor
vuestra oscura majestad,
 que sin poder resistirme
vengo en tan dichoso empleo
a gozar lo que poseo,
siempre amante, siempre firme.
 Y antes de la deseada
hora en que a Esperanza veo,
me trae loco el deseo
con la vida aventurada.
 Dadme, dichosas paredes,
las nuevas de mi bien ya,
pues en vosotras está
al Sol haciendo mercedes.
 Permitid, paredes mías,
mi dicha al Rey responded,
porque de tan gran merced
haga amor las alegrías.
 Gente parece que ha entrado
en la calle, y debe ser
cortesana, al parecer,
que el alma no me ha engañado.
 El Rey es; volverme quiero,
que en la ordinaria señal

le he conocido, que mal
hago en esperar, si espero
 ningún bien, pues ha venido
a la ordinaria porfía
de la esperanza que es mía.
 Perdiendo voy el sentido.

Vase, y salen el Rey, Don García, Don Álvaro y Don Sancho, de noche todos

Rey   Un hombre atraviesa allí
que me da que sospechar;
o le tengo de matar,
o reconocerle; aquí
 os quedad por breve espacio
los dos, y venga García,
haciéndome compañía
solamente y a Palacio
 ninguno vuelva, hasta tanto
que todos vuelvan conmigo.

García   Como tu sombra te sigo.

(Vanse Don García y el Rey.) Sale Doña María en hábito de hombre

María   Noche, en cuyo oscuro manto
 se amparan tantos secretos
y se ven tantas verdades;
lince de curiosidades,
de tu muda sombra efectos,
 a descubrir vengo en ti,
por perdida centinela,
el mal que el alma revela.
Gente parada hay allí.

Sancho

¿Si es el Rey?

Álvaro

¿Es don García?

María

Los criados del Rey son.

Sancho

¿Es vuestra Alteza?

María (Aparte.)

Ocasión
me da la sospecha mía
para conseguir mi intento,
pues con ellos no está el Rey;
a tanto obliga la ley
de un celoso pensamiento;
quiero fingir que el Rey soy,
que los debió de dejar
entretanto que él fue a hablar
a quien tantos triunfos doy.

Sancho

¿No responde?

Álvaro

¿Quién es?

María

Yo,
seguidme.

Álvaro

El Rey es.

María

¡Ah celos!
¿qué mal han hecho los cielos
que a vuestro infierno igualó?

Vanse, y salen el Rey y Don García

Rey

Ilusión debió de ser,
o le dio mi pensamiento
alas con que venció al viento.

García

No tienes ya que temer,
 que Esperanza está rendida;
que ha podido tu rigor
engendrar en ella amor.

Rey

Con eso guarda La vida
 de su padre y de su hermano.

García

Y aguarda en ese balcón,
si no es imaginación.

Esperanza al balcón

Esperanza

¡Ce!

García

 Ni he imaginado en vano,
 que te ha hecho señas ahora
para que llegues.

Rey

 García,
a tu puesto te desvía,
y a las aves de la aurora
 apenas deja pasar.

García

Lo que me mandas haré.

(Vase.)

Rey

Vino este bien que esperé,
tuvo mi dicha lugar

en gloria tan soberana.

Esperanza   Para tu esclava nací.

Rey   Ya no dirá amor por mí:
                 ¡ay larga esperanza vana!,
                 que tras el bien en que doy
                 tantos alcances al cielo,
                 ¿cuántas noches ha que vuelo,
                 cuántos días ha que voy?

Esperanza   Siempre venció la porfía
                 la más imposible empresa,
                 si de hacer guerra no cesa
                 con un día y otro día;
                 porque la que es más tirana
                 se rinde como lo estoy,
                 engañando al día de hoy
                 y esperando al de mañana.

Rey   Para estimar tanto bien
                 habéis hallado, Esperanza,
                 sin caudal la confianza
                 y el pensamiento también.
                 Ya no vive el albedrío
                 con leyes de embajador,
                 que después que tengo amor,
                 es muy más vuestro que mío.
                 Haced, deshaced, mandad,
                 dad vidas, alzad destierros,
                 y de mis celos los yerros
                 como locos perdonad,
                 con tal que la causa de ellos
                 no vuelva a veros jamás.

Esperanza   Eso es lo que estimo en más.

Rey   Vuestros negros ojos bellos
                       son dueños del alma mía.

(Suena ruido de cadenas dentro.)

                       Pero ¿qué es esto?

Esperanza   ¡Ay de mí!

Rey   ¿Qué es lo que tenéis? ¿Decid,
                       luz del Sol y Sol del día?

(Vuelven a sonar.)

Esperanza   ¿No escucháis, señor?

Rey   Ya escucho
                       unas cadenas; ¿qué importa?

Esperanza   Vuestro valor os reporta.

Rey   Aquí no es menester mucho.

(Quéjanse dentro.)

Esperanza   ¿Los gemidos no escucháis?

Rey   Pues ¿de quién son los gemidos?

Esperanza   ¿No ha llegado a los oídos
                       vuestros, el tiempo que estáis

en Cantillana, esta fiera
fantasma?

Rey

Es burla, por Dios.

Esperanza

El Cielo quede con vos,
que el alma el temor me altera.
 y perdonadme.

(Vase.)

Rey

    Cerró
la ventana, miedo extraño;
llegándose va, o me engaño,
el ruido. ¿Iréme? No.
 Ya la voz otra vez suena,
tristemente dilatado;
ahora en la calle ha entrado,
arrastrando una cadena,
 un bulto blanco, tan fiero
que me ha causado temor,
con tener tanto valor.

(Sale la fantasma.)   Llegarme y hablarle quiero;
 mas él se viene hacia mí;
vive Dios, que he de mostrar
ánimo sin recelar,
que esto debo a quien soy: Di
 quién eres y qué me quieres,
si es que vienes buscando
encargarme, deseando
alguna cosa: ¿quién eres?
 ¿Eres Blanca, que de esposa
solo me diste la mano?
 ¿Eres Fadrique, mi hermano?

¿Eres don Juan de Hinestrosa?
¿Eres mi madre? Responde
si algo de mí has menester,
que yo te prometo hacer
cuanto pidas, aquí o donde
te fuere más importante
a tu descargo y descuento,
que para escucharte atento
ánimo tengo bastante.
¿No respondes ni haces nada?
Pues hacerte hablar procuro,
ya que no sé otro conjuro
que el acero de mi espada.

(Cae el bulto y la cadena, y queda Don Lope con cota y broquel, espada, media mascarilla y montera.)

El bulto en el suelo dio,
y con espada y broquel
de su portento cruel
otro prodigio quedó.
Hoy de mi valor me alabo,
hombre, fantasma o difunto;
no temo al infierno junto,
porque soy Don Pedro el Bravo.

Éntrase retirando Don Lope y Rey acuchillándole y salen por una puerta Don García y por otra Don Álvaro, Don Sancho y Doña María

Sancho   Repórtese vuestra Alteza,
                  porque es irritar al Rey.

María   Amor nunca guarda ley
                  cuando a ser celoso empieza.

García   Caballeros, si es posible
vuélvanse por cortesía.

María   De guarda está don García;
esta vez es imposible
dejar de pasar delante,
aunque vos al paso estáis.

García   Otro imposible intentáis.

María   Seré a vencerle bastante.

García   ¿Quién es?

María   ¡La Reina!

García   ¡Señora!
¿Vos de esta manera?

María   Así
vengo buscando sin mí
a quien vos buscáis agora,
por ver este desengaño.

Esperanza (Dentro.)   ¡Que matan al Rey!

María   ¡Ah Cielo!
Mayor desdicha recelo;
venid, venid.

(Vanse.)

Salen acuchillándose el Rey y Don Lope

| García | ¡Caso extraño! |

Lope   Suspenda la invicta espada,
         no me mate vuestra Alteza.

Rey   ¿Quién eres?

Lope   Un desdichado,
         que amor...

(De rodillas.)

Rey   Por amor comienzas,
         disculpa tienes bastante;
         levanta del suelo.

Lope   Deja
         que en él humilde te pida
         primero perdón.

Rey   ¿Qué esperas?
         ya te he perdonado; alza.

Lope   Con esa palabra, es fuerza
         que sin máscara te bese
         los pies, y decirte pueda
         quién soy.

Rey   ¿Quién eres?

Lope   Don Lope
         Sotelo.

Rey   ¿De esta manera?

Lope   Fuerza de amor pudo tanto,
                       que desde la noche mesma
                       que me pediste a Esperanza
                       para dejarme sin ella
                       —porque imaginé, señor,
                       que teniendo algunas muestras
                       de mi voluntad, habías
                       de condenarme a su ausencia—,
                       por prevenirlo tracé
                       esta fantasma, que intenta
                       amor imposibles cosas
                       contra el poder y la fuerza.
                       Cuando dejar me mandaste
                       de Archidona por la guerra
                       a Cantillana, señor,
                       no estuve una legua apenas
                       ausente del bien que adoro;
                       y la misma estratagema
                       usando todas las noches,
                       entraba a gozarla y verla.
                       Hallóme don Juan, su hermano,
                       y Perafán de Ribera
                       con ella, y queriendo darme
                       muerte los dos, por la ofensa
                       hecha a su casa y honor,
                       enseñó Esperanza bella
                       una firma de mi mano.
                       Fueron a hablarte con ella;
                       vine a saber el suceso,
                       encontróme vuestra Alteza;
                       a su invencible valor
                       no bastó mi estratagema.

Esa es mi historia, mi culpa,
mis celos y vuestra ofensa;
si no me disculpa amor
aquí tenéis mi cabeza.

Salen Perafán y Don Juan y Esperanza, Leonor y Rodrigo por una puerta, y por la otra Doña María, Don García, Don Álvaro y Don Sancho

Perafán   No importa que el Rey agravie,
              para que la sangre nuestra
              vertamos por él.

María   Llegad.

García   Señora. aquí está su Alteza.

Álvaro   El Rey está aquí.

María   Señor.

Rey   Señora, ¿qué es esto?

María   Fuerza
              de mis celos, imposibles
              de vencer de otra manera.

Esperanza   Cielos, aquí está don Lope;
              ¿qué novedad es aquesta?

Perafán   Vuestra Alteza nos perdone;
              que puesto que vuestra Alteza
              nos mandó de Cantillana
              salir esta tarde mesma,
              y no lo habemos cumplido,

las voces que en esta reja
dio Esperanza, nos obliga,
sin reparar en la pena
que nos fue puesta, señor,
a ofrecer a vuestra Alteza
nuestras haciendas y vidas.

Rey

Que ese amor os agradezca,
Perafán, es justa cosa;
don Lope Sotelo sea
de doña Esperanza esposo.

Lope

Mil años que el Sol te vea
rey de Castilla y León.

Rey

Con la mayor Encomienda
de Castilla, que es lo menos
que debo a vuestra nobleza.

Perafán

Guárdeos el Cielo.

Rey

De un tercio
doy a don Juan de Ribera,
pues es tan grande soldado,
por que me sirva en la guerra.

Don Juan

Sobre vuestros hombros ponga
su imperio el Sol.

Rey

Y a vos, reina
de Castilla y de mi alma,
que es de vuestro Sol esfera,
palabra de nunca daros
celos, porque sé que llegan

a perderos el respeto.

María   Guárdete el Cielo, que es deuda
             de mi amor.

Esperanza   Estoy confusa
             y no creyendo yo mesma
             lo que estoy viendo.

Lope   Después
             sabréis, Esperanza bella,
             grandes cosas.

Rodrigo   A Rodrigo
             que los pies te bese deja,
             pues fue sacristán por ti
             más de una semana y media.

Lope   Guárdete Dios.

Leonor   Dame a mí
             tus manos también.

Rodrigo   No quieras,
             que estaba ahora fregando,
             y no es mucho al ámbar huelan.

Rey   A Palacio.

Rodrigo   Dando aquí,
             por que a sus casas se vuelvan,
             de EL DIABLO ESTÁ EN CANTILLANA,
             senado, fin la comedia.

Libros a la carta

A la carta es un servicio especializado para
empresas,
librerías,
bibliotecas,
editoriales
y centros de enseñanza;
y permite confeccionar libros que, por su formato y concepción, sirven a los
propósitos más específicos de estas instituciones.
Las empresas nos encargan ediciones personalizadas para marketing editorial
o para regalos institucionales. Y los interesados solicitan, a título personal, ediciones antiguas, o no disponibles en el mercado; y las acompañan con notas y
comentarios críticos.
Las ediciones tienen como apoyo un libro de estilo con todo tipo de referencias
sobre los criterios de tratamiento tipográfico aplicados a nuestros libros que
puede ser consultado en Linkgua-ediciones.com.
Linkgua edita por encargo diferentes versiones de una misma obra con distintos
tratamientos ortotipográficos (actualizaciones de carácter divulgativo de un clá-
sico, o versiones estrictamente fieles a la edición original de referencia).
Este servicio de ediciones a la carta le permitirá, si usted se dedica a la enseñanza, tener una forma de hacer pública su interpretación de un texto y, sobre
una versión digitalizada «base», usted podrá introducir interpretaciones del texto
fuente. Es un tópico que los profesores denuncien en clase los desmanes de una
edición, o vayan comentando errores de interpretación de un texto y esta es una
solución útil a esa necesidad del mundo académico.
Asimismo publicamos de manera sistemática, en un mismo catálogo, tesis
doctorales y actas de congresos académicos, que son distribuidas a través de
nuestra Web.
El servicio de «libros a la carta» funciona de dos formas.
1. Tenemos un fondo de libros digitalizados que usted puede personalizar en
tiradas de al menos cinco ejemplares. Estas personalizaciones pueden ser de
todo tipo: añadir notas de clase para uso de un grupo de estudiantes, introducir
logos corporativos para uso con fines de marketing empresarial, etc. etc.

2. Buscamos libros descatalogados de otras editoriales y los reeditamos en tiradas cortas a petición de un cliente.